김완기 사진·시조집

정겨웠던 순간들

Adorable Moments

1968 ~ 2023

프롤로그

나는 필기도구처럼 늘 카메라를 몸에 지니고 다닌다. 언제 어디서라도 정겨운 소재를 만나면 사진으로 남긴다. 처음 사진작업을 시작했던 20대부터 평생 동안 카메라를 벗 삼아 사진과 함께 살아왔다고 해도 과언이 아니다.

사진가는 자연에서 소재를 발견하고 아이디어를 얻어 사진 작품을 창작한다. 마치 동물이 먹이를 찾기 위해 자연을 누비는 것처럼 사진가도 항상 소재를 찾아 두 눈을 부릅뜨고 주위의 사물들을 살핀다. 사물을 바라보는 순간 아이디어가 머릿속을 스쳐 간다. 첫눈에 느껴진 아이디어가 사진 작품이 완성되었을 때 바로 주제가 된다. 누구나 창의적인 소재를 찾아내고 그 소재를 통해 발견한 주제를 작품화하는데 최선의 작업 과정을 거친다. 작품을 완성하여 세상에 내놓아 관객으로부터 공감을 얻었을 때 비로소 안도의 한숨을 내쉰다.

필자는 교직생활을 하면서 1968년부터 사진창작 활동에 매료되어 팔순이 된 오늘까지 사진 소재를 찾아 전국을 쏘다녔다. 24개국의 외국 여행 중에도 늘 참신한 소재와 아이디어를 갈구했다. 기발한 아이디어가 함축된 소재를 만나서 결정적인 순간을 포착했을 때 매우 행복했지만, 그렇지 못해 실망했던 기억도 많았다.

그동안 찾아낸 아이디어 중에서 정겨운 장면들을 모아 보았다. 그때 그 순간의 감동을 회상하면서 시조로 표현해서 '한국문예' 지에 응모하여 시조시인으로 등단하는 영광을 얻었다. 드디어 사진과 시조에 평생을 살아온 추억을 담아 김완기 사진·시조집 『정겨웠던 순간들』을 출판하기에 이르렀다. 등단을 망설일 때 용기를 북돋아주고 편달해주신 한국문예작가회 서병진 회장님과 시조의 바른 길을 애정으로 이끌어주신 시조시인 원용우 박사님께 깊은 감사의 말씀을 드린다.

이런 작업을 바탕으로 선각자들의 아낌없는 지도 편달을 받아 글 솜씨를 키워 보고 싶다. 이러한 시도로 자신이 부족했던 글쓰기 실력을 내실 있게 채워나가고 싶은 것이 나의 소박한 소망이다.

2023년 10월
고향집 서재에서 낭윤 김완기

축사

사진과 시조의 만남

문학박사 **원용우** (한국문인협회 자문위원)

예술가는 인내와 끈기가 있어야 한다. 이 점은 사진에서만 그런 것이 아니고, 문학부문에서도 똑같이 요구된다. 김완기 작가는 「프롤로그」에서 창의적인 소재를 찾아내고, 그 소재를 통해 발견한 주제를 작품화한다고 했다. 이런 점은 시조라고 해서 다르지 않다. 시조도 창의적인 소재, 주제의 선명성, 구성의 완전성, 작품을 형상화하는 능력이 필요하다.

기발한 아이디어가 있어야 그 작품이 잘됐다는 평을 받을 수 있다. 김완기 사진작가는 그 방면에서 일가를 이루었다. 그런 분이 시조에도 관심을 두어 사진·시조집 『정겨웠던 순간들』이란 책을 상재한다고 한다. 이 책은 너무 방대해서 한마디로 요약해서 말할 수 없다. 이 책 자체가 하나의 박물관이요 사진관이요 도서관이다.

문학의 소재도 크게 인간과 자연으로 나누는데, 사진도 인간과 자연으로 나누어 생각할 수 있다. 인간부문에서는 일상생활, 학교, 민속, 사적, 종교 등이 망라되었고, 자연부문에서도 동물, 식물, 물, 구름, 암석, 풍경 등이 모두 사진의 소재가 되었다. 거기에 일출이나 일몰 장면도 작품의 소재로 삼았으니, 우주의 삼라만상이 사진의 소재 아닌 것이 없다. 그러나 각 작품을 따로 떼어놓고 보면 섬세하고 아름답기 그지없다. 시조에서 시상을 떠올리듯이 사진에서도 아이디어를 떠올려야 한다. 그 순간을 놓치면 작품화시키기가 어렵다. 시조는 한군데 앉아서 작품을 쓸 수 있지만 사진은 그 소재를 찾아 발로 뛰어다녀야 한다. 우리나라는 물론이고 세계여행을 하면서 귀중한 소재를 찾아내야만 한다.

참으로 부지런하고 건강하신 분이다. 그의 경력을 보면 서울시 성북교육청 교육장과 교육부 초등교육정책과장을 역임하셨다. 사진 부문에서는 대한민국사진대전 초대작가이시다. 얼마나 성실하고 노력하는 분인지를 증명해주는 것들이다. 거기에 더해서 시조시인으로서 등단과정을 거쳤으니, 그 빛이 더욱 밝아지리라 믿는다. 사진이나 시조나 똑같은 예술이니 한번 도전해 볼 만하고 승산이 있다고 생각한다.

목차

프롤로그 ………………………………………… 003
축　　사 ………………………………………… 005

인간 (Human)

노인회석 ………………………………………… 010
비탈진 언덕길 …………………………………… 012
움집 형제들 ……………………………………… 014
등굣길 …………………………………………… 016
입학식 …………………………………………… 018
과학실험실 ……………………………………… 020
철봉회전운동 …………………………………… 022
뜀틀 넘는 유선 ………………………………… 024
새마을 웅변대회 ………………………………… 026
태권도 격파 시범 ……………………………… 028
선거벽보와 아이들 ……………………………… 030
돌다리 놓기 ……………………………………… 032
물놀이 천국 ……………………………………… 034
병아리 사랑 ……………………………………… 036
지게꾼 …………………………………………… 038
장날 ……………………………………………… 040
세월의 흔적 ……………………………………… 042
꽃과 여인 ………………………………………… 044
잠자리 사냥 ……………………………………… 046
호기심 …………………………………………… 048
재롱 ……………………………………………… 050
쌍둥이 남매 ……………………………………… 052
행복한 자매 ……………………………………… 054
한마음 …………………………………………… 056
북한산 등산객 …………………………………… 058
수상스키 ………………………………………… 060
민속공연 ………………………………………… 062
그네 ……………………………………………… 064
대금 연주 ………………………………………… 066
정조대왕 능 행차 ……………………………… 068
라오스의 탁발 …………………………………… 070
포대화상의 미소 ………………………………… 072
과거시험 재현 …………………………………… 074
숭례문 …………………………………………… 076
광화문 …………………………………………… 078
경복궁 근정전 …………………………………… 080
창경궁 단풍 ……………………………………… 082
석가탑과 다보탑 ………………………………… 084
왕릉 ……………………………………………… 086
문학기행 이삭줍기 ……………………………… 088

자연(Nature)

제목	페이지
고추잠자리의 사색	092
부전나비	094
청개구리	096
수상 낙원	098
비상	100
억새풀	102
사랑의 대화	104
금낭화	106
노루귀 꽃	108
해바라기	110
연화의 세계	112
담소	114
생의 과정	116
토마토 사이클	118
조롱박	120
산수유 꽃과 열매	122
밤알의 묘기	124
홍로 9남매	126
애기사과	128
바람 부는 날	130
강물 건너기	132
밭갈이	134
곤명 유채밭	136
다랑논	138
자작나무 숲	140
형제구름	142
암벽의 소나무	144
충주호의 섬광	146
도나우강변	148
나이아가라 폭포	150
단풍	152
일출	154
무아경	156
새벽 골프장	158
백두산 천지	160
이끼폭포	162
보트 행렬	164
보라카이 해변	166
구채구 오화해	168
그랜드캐니언	170
두꺼비 바위	172
형상	174
갑돌이와 석순이	176
눈 오는 날	178
눈꽃	180
상고대	182
얼음 결정	184
고드름	186
에필로그	189

인간
Human

노인회석 老人會席

대수정 다리 밑의 시원한 그늘아래
걸어둔 모자들과 세워둔 지팡이들
특이한 그림 앞에서 보는 이들 즐겁다.

장기와 바둑 두고 화투를 치는 사람
막걸리 한잔하며 환담하는 어르신들
이러한 놀이문화가 시대상을 비춰준다.

노인회석(1969)

비탈진 언덕길

무악재 고개 넘어 홍제동 언덕길을

물지게 연탄지게 짊어져 올라가니

다시는 볼 수 없는 그림 너무 귀해 또 본다.

수돗물 져 올리고 19공탄 배달하는

유일한 통로이자 복잡했던 등하굣길

못 살던 시절의 추억 잊을 수가 없구나.

비탈진 언덕길(1968)

움집 형제들

송파구 송파대로 길가에 자리 잡은
서울서 전설 같은 움집이 있었는데
의좋은 삼형제들의 보금자리 되었지.

큰형이 막냇동생 업어서 돌봐주고
둘째는 형의 곁을 떠나지 않았었지
가난을 입고 살아도 마음만은 부자였지.

반세기 지난 오늘 삼 형제 어찌 사나
궁금한 생각 들어 그곳 찾아 헤맸지만
빌딩이 잔뜩 들어서 딴 세상이 되었다.

움집 형제들 (1969)

등굣길

70년대 등교하는 학교의 정문 앞길
하루의 학교생활 희망찬 발걸음을
큰 꿈을 등에 지고서 교문 안에 들어서.

주번이 교문에서 규율을 잡는다고
하급생 복장 검사 위반자 가려내니
그래도 넘어야 할 산 준법정신 길러야.

교문을 통제하던 일제 때 잔재 청산
요즈음 교문에선 편하게 드나들며
자유가 무엇인지를 배우면서 자란다.

등굣길 (1972)

입학식

일학년 열두 반에 학급당 90명이
오와 열 맞추어서 입학식 하는 모습
모였다 헤어진 올챙이 집합한 것 같구나.

집에서 부모님께 응석만 부리다가
학교에 처음으로 등교한 아이들이
손들고 대답하는 것도 올챙이들 공부지.

아이가 영특한지 선생님 기발한지
학부모 생각으론 내 자식 대견해서
무논의 개구리 되어 우는 날 기대된다.

입학식 (1969)

과학실험실

1973년 시행했던 학문 중심 교육과정
전국의 초등학교에 설치된 과학실험실
실험을 위주로 하는 학습 방법 새로워.

국시로 밀어붙인 과학의 교육혁명
주입식 교육 방법 과감히 벗어나서
선진국 문턱에 서는 주춧돌을 놓았지.

과학실험실 (1974)

철봉회전운동

6학년 이봉배는 말 없는 아이인데
숨겨둔 철봉 실력 친구에 보여 주니
어디서 원숭이 왔구나 동물원의 원숭이.

모두가 봉배처럼 열심히 노력하면
실력을 인정받고 내 꿈을 실현하여
성공의 탄탄대로를 당당하게 걷겠지.

철봉회전운동 (1970)

뜀틀 넘는 유선流線

운동장 체육시간 뜀틀과 매트에서

날렵한 복문식군 숙달된 묘기 보여

박수가 쏟아져 나온다 그칠 줄을 모르고.

멀리서 도움닫기 달려와 뜀틀 짚고

뛰어넘어 매트까지 착지하는 연속동작

나르는 인간 새 같아 황홀하고 신비해.

정겨운 선생님의 사진작가 시각으로

제자의 연출솜씨 유연한 순간포착

그 고개 뛰어 넘어야 불후명작 남긴다.

뜀틀 넘는 유선(1970)

새마을 웅변대회

누대를 이어져 온 가난을 물리치고

근면과 자조 협동 새마을 정신으로

목청을 드높인 웅변[1] 살맛나서 좋은 날.

조막손 움켜쥐고 아이들 앞에 서서

잘사는 우리나라 만들자 외쳐대니

그 소리 울려 퍼져서 나무들도 춤추네.

가난을 자식에겐 물려주지 않으려고

선대가 피땀 흘려 노력한 덕택으로

산과 들 너무 살쪄서 기름기가 흐른다.

---

1) 웅변 : 당시 학교 주변에는 웅변학원이 많았고 교육시책구현상 필요할 때 반공·새마을·저축·물자 아껴 쓰기·개교기념 등의 웅변대회를 열었다. 학교대회를 시작으로 지구별, 시도별, 전국 웅변대회가 성대하게 열렸다.

새마을 웅변대회 (1972)

태권도 격파 시범

효제초 태권도부 격파시범 보이면서
전국의 어른들의 마음을 사로잡아
북소리 장구 소리에 온 동네가 떠나가.

태권도 해외파견 헌신적 노력 끝에
한국의 태권도가 올림픽 종목 되어
강과 산 춤을 추면서 큰 잔치를 벌였다.

태권도 격파 시범 (1970)

선거벽보와 아이들

한국을 선진화할 대통령 선출하는
제7대 대선 홍보 벽보를 앞에 두고
아이들 관심 없다며 딱지치기 몰두해.

민족의 해방 이후 80년의 역사 속에
한국의 민주주의 걸어온 험했던 길
그래도 무궁화 꽃은 활짝 피어 웃는다.

선거벽보와 아이들(1971)

돌다리 놓기

70년대 새마을을 가꿨던 우리 선대
나라엔 새마을운동 학교엔 새마을교육
새롭게 바꾸는 운동 나라발전 앞당겨.

한국의 새마을이 민족혼 일깨우고
애향단 봉사활동 앞장서 벌이면서
작은 힘 보태는 것도 지역발전 밑거름.

꽃길을 가꾸면서 환경도 미화하고
모여서 함께 등교 향토애 길러가며
땀 흘려 돌다리 놓으니 사는 맛이 절로 나.

돌다리 놓기 (1970)

물놀이 천국

도심의 오염된 물 장마에 씻겨 내려
정릉천 즐겨 찾는 천진한 동심들은
벗는 것 부끄럽지 않아 발가벗고 물싸움.

수영복 체면치레 모두 다 팽개치고
냇가에 개구쟁이 물놀이에 빠져드니
애들이 신나는 만큼 물고기도 춤춘다.

물놀이 천국 (1969)

병아리 사랑

농촌의 아이들이 병아리 키워보면
예쁘고 귀여워서 빠르게 정이 들어
따뜻한 병아리 사랑 동생같이 귀여워.

병아리 빨리 키워 어미닭 만들려고
먹이와 물을 주며 따뜻이 보살피면
고마워 눈물 흘리며 반갑다고 인사해.

물주고 먹이 줘도 삐약삐약 보채는 건
춥다는 신호이니 온도를 높여주고
두터운 옷도 입혀서 면역력을 키웠지.

병아리 사랑 (1970)

지게꾼

60년대 송파구는 도심에 인접하여
넓은 들 시냇물에 전형적 농촌 모습
너무나 달라진 정경 귀신마저 놀란다.

송파 벌 가로질러 흐르던 샛강 물을
농부가 무거운 짐 지고서 건너는데
어깨는 무거웠지만 마음만은 가벼워.

지금은 휘황 찬란 도심지로 변했지만
옛날로 되돌아가 그 모습 보고 싶어
봄나물 캐던 아가씨 꽃바구니 그립다.

지게꾼 (1969)

장날

70년대 우리 형편 가난한 살림살이
이웃과 정 나누며 착하게 살았었지
장터는 살맛나는 곳 사람 냄새 샘솟아.

오가는 장날마다 버스를 타다 보면
외장을 보러 가는 상인들 더러 만나
돈 벌고 인사 나누니 뽕도 따고 임 본다.

초겨울 안성 장날 장터에서 만난 여인
머리 인 솥뚜껑과 옛날 돈 세는 모습
보는 이 눈이 즐거워 다시 보고 또 본다.

장날 (1970)

세월의 흔적

창경원 나들이 온 담배 문 노인 만나
물부리 빨아대니 담배꽁초 줄어들며
입에서 나는 연기에 근심 걱정 날린다.

한평생 노년 길에 가족도 없어 보여
노인의 행색 보니 가엾은 생각 들어
주름과 꽁초 모습에 세월 흔적 묻어나.

세월의 흔적(1968)

꽃과 여인

꿈속에 만난 여인 모습이 정겨워서
내 마음 사로잡아 만나고 싶어지며
인연의 끈이 있나 봐 나를 자꾸 당기네.

어릴 때 은사님의 반가운 전화 받고
갑자기 무슨 말씀 여쭈어 보았더니
어여쁜 장미 한 송이 전해주고 싶다고.

만나서 선을 보니 첫눈에 마음 끌려
선생님 고맙다며 아내로 맞았으니
나비와 꽃의 만남이 천생연분 아닌가.

꽃과 여인 (1973)

잠자리 사냥

다정한 두 남매가 잠자리 사냥 나서
오빠가 앞장서고 동생이 뒤따르다
모자로 덮어씌우며 사냥놀이 즐긴다.

모자의 한쪽 귀를 조금만 열어보고
도망갈 틈도 없이 잽싸게 낚아채서
정겨운 오빠와 동생 마주 보고 웃는다.

잠자리 사냥 (1986)

호기심

이른 봄 우리 식구 나들이 가는 길에
일학년 어린이가 도랑가 쉬어 가다
움트는 버들강아지가 귀여워서 또 본다.

도대체 버들개지 어디서 태어나서
어떻게 자라면서 무슨 일 벌어질지
아무리 상상해 봐도 궁금증만 더해가.

아빠께 여쭤보니 강아지는 수꽃인데
강아지 떨어지면 잎 나와 자란다니
자세히 살펴본다면 식물공부 되겠네.

호기심(1984)

재롱

손녀딸 귀염둥이 백일을 맞이하여
식구들 앞에 서서 마음껏 재롱떠니
시골집 예쁜 병아리 병아리를 닮았네.

반달 눈 주먹코가 정겨운 모습이고
입술에 내민 혀가 귀엽기 그지없다
노란 옷 입은 병아리 노란 냄새 풍긴다.

눈과 코 입 모양이 우습기 짝이 없고
예쁘지 않은 곳이 하나도 없었으니
마당가 맴도는 병아리 아침 햇살 줍는다.

재롱 (2006)

쌍둥이 남매

쌍둥이 두 남매가 첫돌을 맞았구나
외동딸 민정이가 십년 만에 얻은 남매
하늘의 별로 태어나 지상으로 내려와.

누나는 엄마 닮고 동생은 아빠 닮아
자손이 귀한 가문 대 잇게 되었는데
새벽녘 샛별이 되어 어둔 세상 밝힌다.

어릴 때 노는 모습 자세히 살펴보니
민이는 대범하고 찬이는 섬세하다
이 별은 무슨 별인지 한낮에도 빛난다.

쌍둥이 남매 (2022)

행복한 자매

가을이 익어가는 억새 핀 풀밭에서

다정한 두 자매의 대화를 들어보니

사랑이 넘쳐흘러서 사랑나무 되었네.

부모는 풀밭에다 텐트를 설치하고

가족의 야영 준비 땀 흘려 애쓰는데

아빠와 엄마 덕분에 자매나무 행복해.

자매 (1999)

한마음

아이들 펄쩍 뛰어 긴 줄을 넘으려면
모두가 마음 맞춰 동작이 맞아야 해
공중에 떠 있는 모습이 날아가는 새 같아.

뛰는 몸 가지런히 리듬이 살아나고
그림자 따라가며 장단을 맞춰주니
한마음 한뜻이 되어 모두 하나 되었다.

긴 줄넘기 (2005)

북한산 등산객

토요일 오후 시간 북한산 올랐더니
훤칠한 등산객이 등산복 갖춰 입고
무거운 배낭 메고서 정상 향해 다가가.

혼잡한 서울 생활 피로를 회복하려
휴일에 시간 내어 북한산을 즐겨 찾다
하산 길 돌부리에 채여 매운 맛도 보았다.

북한산 등산객 (2010)

수상스키

충주호 선착장에 수상스키 동호인들

시원한 바람맞아 마음껏 달리는데

호수 위 날아다니는 물새처럼 노닌다.

처음엔 물 위에서 뜨기도 힘들어서

빠지고 물먹으며 고통을 겪은 끝에

물 위를 떠서 달리는 큰 기쁨을 얻었지.

끈질긴 노력으로 고통을 감내하고

요령을 터득하여 마니아 되고 보니

결국은 자신과의 싸움 승자만이 남는다.

수상스키 (2011)

민속공연

민속촌 공연장에 모여든 구경꾼들
탈춤에 매료되어 어깨가 들썩들썩
탈 모습 너무 웃겨서 한데 얼려 놀고파.

탈춤은 춤꾼들이 가면 쓰고 춤을 추며
양반을 풍자하는 전통적 연극으로
고달픈 민중의 삶이 눈 녹듯이 녹는다.

장단에 맞추어서 고객과 소통하고
재담과 몸동작에 호흡을 함께하며
말로는 내뱉지 않고 몸짓으로 말한다.

민속공연 (1995)

그네

고려 때 시작되어 천년을 이어져온
색동 옷 펄럭이는 고유의 전통놀이
허공을 날고 있구나 나비처럼 사뿐히.

창포에 머리 감고 음식을 나누면서
모내기 끝내고서 풍년을 기원하던
단오제 민속 명절로 이어지는 민족혼.

대대로 전해 오는 민속의 애틋함이
이국땅 멀리서도 유구히 계승되어
조선족 민속그네가 애국심을 살려내.

그네 (2009)

대금 연주

영동의 명승지인 옥계폭포 앞에 서서
대금을 불어주는 국악인 연주 솜씨
끊일 듯 이어지는 곡 가슴 속을 파고들어.

소백산 기암괴석 빽빽이 드리우고
금강의 맑은 물이 흐르는 영동 땅이
악성인 박연 선생의 예향 고장 아닌가.

왕산악 우륵 함께 세 악성 난계 박연
난계를 기리려고 박물관 세워놓고
박연의 민족 얼 발자취 갈고 닦아 빛내리.

대금 연주(2009)

정조대왕 능 행차

조선의 실학사상 확고했던 정조대왕
당쟁에 휩싸여서 희생된 사도세자
붕어 후 장조로 추존 융릉 묘역 모셨지.

참신한 인재 발굴 투철한 개혁군주
효성과 충심으로 능행에 화성 건설
화성에 천도했다면 어떤 나라 됐을까.

35세에 승하하신 아쉬움 너무나 커
꿈꾸던 태평성대 후세에 남겼다면
부강한 대한민국에 세종시는 없었겠지.

정조대왕 능 행차 (2018)

라오스의 탁발

라오스 남방불교 석탄일 이른 아침

거리를 떠돌면서 탁발托鉢[2] 하는 스님 모습

맨발의 붉은 색 승복 노란 띠가 선명해.

탁발은 출가자가 음식을 비는 행위

공양과 보시로써 생활을 영위하는

걸식이 수행법이라며 줄 맞춰서 걸어와.

---

2) 탁발托鉢 : 승려들의 수행방식으로 출가수행자가 무소유계를 실천하기 위해 음식을 얻어먹는 행위

라오스의 탁발 (2013)

포대화상의 미소

불룩한 배 내밀고 웃음을 머금으며

자루를 둘러메고 속세에 어울렸던

온화한 포대화상布帶和尙[3]의 미소 중생들에 다가와.

얼굴을 마주보며 연유를 물어본즉

등짐을 내려놓고 깨달음 얻으라니

자비에 여유로운 모습 미륵보살 닮았네.

---

3) 포대화상布帶和尙 : 중국 봉화현의 명주 사람으로 몸집이 뚱뚱하고 웃는 모습으로 기인행동을 하며 사람들과 잘 어울렸던 스님

포대화상의 미소 (2022)

과거시험 재현

옛날의 과거시험 오늘에 재현하여

성균관 광장에서 백일장 열었더니

다투어 좋은 글 쓰는 선비 같은 선학仙鶴들.

도포를 갖춰 입고 두건도 쓰고 나서

지필묵 대신하여 붓펜을 잡았구나

떠올린 시상 적으려고 몰입하는 선학들.

한문을 공부했던 백발의 유생들이

머리를 짜내면서 정성껏 글을 지어

장원에 급제해보려고 애를 쓰는 선학들.

과거시험 재현 (2009)

숭례문 崇禮門

조선의 한양도성 남문인 숭례문은

남산과 인왕산이 만나는 언덕 위에

하늘로 날아갈듯이 양 날개를 폈구나.

친필로 양녕대군 숭례문 현판 걸어

민족의 얼이 깃든 국보1호 숭례문이

방화로 소실되었으니 안타깝고 원통해.

전국의 목재수집 장인들 다 모여서

힘 모아 국보 숭례문[4] 정성껏 복원하니

이제는 거듭 태어나 새사람이 되었다.

---

4) 국보 숭례문 : 지금까지 이어오던 '국보1호 숭례문'을 2021년 문화재보호법과 시행령에 의해 번호를 없애고 '국보 숭례문'으로 표시하게 되었다.

숭례문(1968)

광화문

1968년 경복궁의 광화문 보수하고
한글로 현판 걸고 방문객 드나드니
중앙청 출입문처럼 착각하게 되었지.

일제 때 총독부인 중앙청 두고서는
경복궁 정문으로 제구실 못 한다니
조선 옷 새로 입히고 조선 냄새 풍겨야.

광화문(1968)

경복궁 景福宮 근정전 勤政殿

조선조 건국 이래 최초의 법궁[5]으로
태조가 '큰 복을 누리며 번성하라'
잘 살려 지은 경복궁 명당자리 앉았네.

일제의 식민 통치 총독부 들어섰다
광복 후 철거하고 광화문 복원하여
창창한 앞날을 향해 당당하게 거듭나.

---

5) 법궁 : 임금님이 사는 궁.

경복궁 근정전 (2010)

창경궁 昌慶宮 단풍

태종을 모시려고 세종이 창건했고
성종이 승하하신 왕후 모신 창경궁
일제가 창경원 격하 동물대접 했었지.

동물원 식물원에 봄맞이 벚꽃놀이
일제의 농간으로 유원지 되었다가
옛 궁궐 원형 복원해 조선 냄새 물씬 나.

식물과 동물들은 대공원에 옮겨가고
옛 궁궐 고풍 살려 창경궁 복원하니
찬란한 담장의 단풍 궁녀들이 왔구나.

창경궁 단풍 (2008)

석가탑과 다보탑

불국사 대웅전 앞 두 탑이 마주하여
동쪽에 다보탑과 서쪽에 석가탑이
불교의 깊은 속뜻을 함축하고 섰구나.

현재의 석가여래 부처가 설법할 때
과거의 다보불이 옆에서 증명하는
법화경 가르침대로 쌓아올린 다보탑.

화려한 다보탑과 수수한 석가탑이
민족의 문화재인 국보로 지정되어
갈수록 빛을 더하는 불교예술 드높다.

석가탑과 다보탑 (2011)

왕릉

경주라 신라 고도 산재한 왕릉 앞에

벚꽃이 만개하여 봄소식 알려준다

신라의 천년 역사를 입고 사는 왕 무덤.

삼릉에 꽉 들어선 안강형[6] 소나무 숲

아침의 빛 내림과 안개가 영롱해서

무덤도 빛을 발하니 벚꽃마저 웃는다.

---

6) 안강형 : 나무줄기가 상대적으로 많이 굽어있어 용틀임하는 듯 몽환적 형태

왕릉(2007)

문학기행 이삭줍기

문인들 뜻을 모아 강원도 문학기행
경동대 자양관을 가득 메운 시조작품
선보인 여강문학관에 민족의 얼 숨 쉰다.

원주에 자리 잡은 박경리 문학공원
토지를 써 내려간 대하소설 흔적 보며
도도히 흐르는 강물 대하 장강 되리라.

문학에 심취해온 한국문예 작가들의
가슴에 불을 당겨 창작의욕 일깨우니
두 분의 문학적 업적 싱싱하고 푸르다.

백일장 참가하여 실력을 과시하고
기행 중 견문 넓혀 주워 모은 이삭들이
작품의 소재나 주제로 큰 빛 보면 좋겠네.

한국문예 문학기행 (2023)

자연
Nature

고추잠자리의 사색

늦가을 옥수수의 앙상한 꽃대 위에
꼼짝도 하지 않고 휴식을 취하면서
숨죽인 고추잠자리 무슨 생각 잠겼나.

연못가 얕은 물에 잠자리 몰려들어
알 낳아 번식해서 대 이어 생존하는
그 원리 이미 깨달아 묵상하고 있구나.

고추잠자리 (2006)

부전나비

오리새 곁가지에 나래 쉰 부전나비

분주한 일상 속에 내 모습 살펴보니

나 홀로 남은 신세가 외롭고도 쓸쓸해.

날개를 접고 펴며 곰곰이 생각하니

넓은 들 풀밭들판 더없는 지상낙원

낙원도 짝이 있어야 즐거움을 더한다.

부전나비 (1987)

청개구리

이슬이 내려앉은 고요한 이른 아침
한 마리 청개구리 볏잎에 자리 잡고
신발 끈 조여매고서 멀리 뛰고 싶나봐.

어째서 이렇게도 조용히 앉아 있나
때 이른 무더위에 정신을 차려보니
그래도 사는 게 좋아 자식 많이 낳고서.

청개구리 (1995)

수상 낙원 水上樂園

녹색말 가득 차서 영양이 풍부하고
미나리 왕성하게 자라는 연못에서
오리 떼 아홉 남매가 가족여행 떠난다.

언니가 앞장서서 맨 앞에 달려가니
동생들 신이 나서 한 줄로 뒤를 이어
차례로 달려 나간다 언니 따라 앞으로.

녹색의 향연 펼친 신선한 물 위에서
마음껏 노닐면서 평화를 만끽하니
여기가 수상낙원이라 인간세상 싫구나.

수상낙원 (1995)

비상

갈매기 한 마리가 창공을 가르면서
앞으로 전진하며 유유히 날아가니
발아래 보이는 것들 대수롭지 않구나.

두 눈을 크게 뜨고 하늘높이 올라가서
더 높은 곳을 향해 한세상 바라보며
마음껏 누비고 다니니 거칠 것이 없어라.

인생길 더 높게 더 멀리 가고프니
남다른 자질 능력 골고루 키워가며
저 하늘 누벼가면서 넓게 보고 배운다.

비상 (2009)

억새풀

한라산 올레길에 흰 이삭 억새풀이
석양의 역광 받아 유난히 반짝이니
늦가을 정취 돋우며 할머니들 춤춘다.

가을이 깊어가고 고향이 그리워져
가슴이 울렁울렁 그 옛날 생각하니
으악새 슬피 운다는 옛 노래가 그리워.

억새풀 (2007)

사랑의 대화

산기슭 잔디밭에 할미꽃 세 식구가
정겹고 다정하게 대화를 나누는데
우리는 못 알아들어도 즈덜끼리 통한다.

엄마와 아기 꽃이 정답게 대화할 때
언니 꽃 옆에 서서 고개를 끄덕끄덕
그들 간 사랑의 대화 들어보고 싶구나.

할미꽃 가족 (1980)

금낭화

깊은 산 계곡이나 산기슭 양지쪽에
피어난 금낭화가 사람의 눈길 끌어
시집 간 새색시의 볼 연지곤지 찍은 날.

커다란 형 꽃부터 자그만 막내까지
차례로 주렁주렁 줄 맞춰 매달렸네
하늘이 주신 복주머니 허리춤에 차고파.

금낭화 (2006)

노루귀 꽃

강화도 산속 계곡 양지쪽 바위틈에
목 빼고 솟아올라 나 여기 있노라고
예쁜 옷 골라 입고서 자랑하기 바쁘다.

이른 봄 잎에 앞서 꽃 먼저 피어나고
꽃대와 잎 뒷면에 솜털이 보들보들
노루의 귀를 닮았다고 노루귀라 불렀나.

연보라 꽃에 반해 보석을 발견한 듯
가냘픈 그 모습이 연정을 샘솟게 해
맑고도 밝은 순정을 드러내놓고 웃는다.

노루귀 꽃(2014)

해바라기

늘씬한 줄기 위에 넓적한 노란 꽃이

해님을 바라보며 온종일 얼굴 돌려

고개가 아프면서도 아픈 줄을 모르네.

드넓은 꽃밭에서 모든 꽃 감시하고

파수꾼 노릇하며 골고루 지켜주니

높은 키 해바라기가 꽃 중의 꽃 아닐까.

해바라기 (2009)

연화蓮花의 세계

꽃과 벌 궁합 맞아 새살림 차리더니

꿀벌이 꿀을 따고 꽃 밖으로 날아간다

연화의 세계蓮花世界[7] 벗어나 사바세계娑婆世界[8] 속으로.

진흙탕 속에서도 세상에 물 안 들고

맑고도 향기로운 연꽃으로 피어나니

불교의 가르침에선 극락세계極樂世界[9] 뜻하지.

부처를 연상하는 연꽃을 바라보면

자비심 키우면서 이웃을 구제하는

불교의 오묘한 진리 깨닫게 해 주누나.

---

7) 연화세계蓮花世界 : 불교에서 말하는 안락하고 걱정 없는 세계
8) 사바세계娑婆世界 : 중생이 갖가지 고통을 겪어야 하는 속세
9) 극락세계極樂世界 : 아미타불이 상주한다는 이상세계

연화의 세계 (2000)

담소

텃밭의 해바라기 형제처럼 다정해서
날마다 웃는 얼굴 해님을 닮았구나
정겨운 담소 나누며 입 벌리고 웃는다.

아무 말 없더라도 믿음이 가는 친척
속마음 주고받는 표정이 즐거운데
시원한 바람 쐬면서 노란 향기 마시자.

해바라기 가족(2021)

생의 과정

늦은 봄 산철쭉 꽃 산야에 만발하여
정열의 붉은 꽃이 시야를 채우더니
불꽃이 타오르는 듯 온 산으로 번져가.

한창때 산철쭉 꽃 정렬에 불타더니
꽃잎이 수명 다해 시들고 힘 빠져서
거꾸로 매어 달려서 떨어질 날 기다려.

새싹이 돋아나고 힘차게 자라나서
꽃피고 열매 맺어 씨앗을 남기는 게
생태계 보존해가는 생의 과정 맞지요.

생의 과정(2005)

토마토 사이클

한여름 채소밭을 우연히 지나가다
사이클 모양 닮은 토마토가 보였는데
너무나 빼 닮았구나 바퀴 달린 자전거.

두 개의 바퀴에는 튜브가 그려졌고
핸들에 안장까지 제 모습 갖췄으니
아이만 올라앉으면 굴러갈 것 같구나.

그러면 사이클을 그 누가 그렸을까
아무리 알아봐도 그린 이 없다하니
신께서 그리셨나 봐 입체감이 빼어나.

토마토 사이클(2014)

조롱박

초가집 추녀 끝을 수놓은 조롱박이
삼 형제 정겨웁게 나란히 매달려서
흥부 네 어린 자식들 모여 사는 것 같아.

큰형은 무거워서 아래로 처져있고
작은형 힘이 넘쳐 치솟아 올랐구나
부모님 보듬어주고 자식들은 매달려.

조롱박 (2008)

산수유 꽃과 열매

이른 봄 산수유꽃 노랗게 만발하여

상춘객 몰려들어 꽃구경 하다 보니

어쩌다 꽃과 열매가 한꺼번에 달렸네.

꽃피고 진 다음에 열매를 맺는 것이

자연의 법칙대로 정해진 순서인데

지난해 열매가 남아 못 보던 일 생겼다.

산수유 꽃과 열매 (2009)

밤알의 묘기

밤나무 끝가지에 밤송이 무르익어

입 크게 벌리고서 떨어질 순간까지

밤알이 묘기 부리며 대롱대롱 매달려.

껍질 까 날로 먹고 솥에다 쪄서 먹고

이웃 간 주고받는 추석선물 반갑지만

대이어 번창하라는 깊은 뜻이 담겼지.

밤알의 묘기(2011)

홍로 9남매

가을날 과수원에 사과가 주렁주렁
빨갛게 무르익어 풍년을 맞았으니
익은 건 맛있는 사과 덜 익은 건 풋사과.

어여쁜 사과 이름 무어라 했던가요
꿀 사과 홍로라니 입에서 군침 도네
다정한 아홉 남매가 헤어질 날 다가와.

햇볕이 뜨거워도 고통을 참아내며
땀 흘려 일하면서 무던히 애쓴 덕에
허공에 달린 사과가 무르익어 터진다.

홍로 9남매 (2007)

애기사과

두 개의 아기사과 물속에 담갔다가
쳐들어 올려보니 환상적 모습으로
애기의 벗은 엉덩이 옮겨 논 것 같구나.

녹색인 잔디밭의 배경과 조화 이뤄
매달린 물방울이 풍만한 가슴 같아
어여쁜 가슴을 보니 만져보고 싶구나.

쌍곡선 (1993)

바람 부는 날

먼 산에 구름 덮인 상암동 언덕길에
포플러 이파리가 바람에 휘날리니
아이들 뛰어놀면서 동양화를 그렸네.

상암동 하늘공원 425계단 올라 보니
옛 모습 간 데 없고 억새밭 우거져서
춤추는 할머니들이 모여들어 즐겁다.

바람 부는 날(1969)

강물 건너기

맑고도 깨끗했던 고향의 남한강물
황소의 고삐 잡은 목동이 건너가네
낭만이 흘러가는 곳 부러울 게 없구나.

다리도 나룻배도 없었던 산골이라
자연을 벗하면서 소박한 생활 속에
명예나 부귀 버리고 풀피리나 불고파.

이곳에 댐을 막아 호수가 생겨나서
내 고향 산과 들이 물속에 묻혔으니
그 옛날 강태공처럼 세월이나 낚아보자.

강물 건너기 (1969)

밭갈이

강원도 정선 땅을 지나던 어느 봄날
농부가 밭을 갈고 부녀자 씨앗 뿌려
땀 흘려 일한 보람이 좋은 결실 맺으리.

요즈음 농기계로 농사일 하게 되니
밭가는 소와 쟁기 보기가 어려워져
시대가 바뀌는 것처럼 농촌풍경 달라져.

밭갈이 (1994)

곤명 유채밭

중국의 남쪽 도시 따뜻한 곤명 땅에

드넓은 유채밭에 이른 봄 유채꽃 펴

천지에 가득 핀 노란 꽃 노란 냄새 진동해.

평지와 산지까지 유채꽃 만발하여

노란 꽃 빼고 나면 빈 공간 거의 없어

오가는 사람 얼굴도 노란 얼굴 같구나.

곤명 유채밭 (2007)

다랑논

절강성 수창현의 산비탈에 논을 뜨고
내리는 빗물 가둬 천수답에 벼를 심어
하늘만 쳐다보면서 비 오기만 기다려.

중국엔 산이 많아 비탈진 땅을 개발
식량을 생산하려 노력한 역사 깊어
층층이 쌓인 논들이 켜떡처럼 보이네.

다랑논 (2012)

자작나무 숲

러시아 시베리아 철도 타고 달려보니

끝없이 펼쳐지는 탁 트인 벌판 끝에

하늘로 뻗은 가지들 자작나무 집성촌.

광활한 대지 위에 황무지 땅이지만

가꾸고 개발해야 쓸모가 있을 텐데

나무도 같은 핏줄끼리 모여 살길 좋아해.

지금은 볼품 없고 키 작은 나무지만

수십 년 세월 흘러 무성히 자란다면

남들이 부러워하는 동량감이 되겠지.

자작나무 숲 (2018)

형제구름

서해안 바닷가에 떠 있는 형제 구름

무더운 여름날에 억새밭 위에 얹혀

하늘을 화선지 삼아 풍경화를 그렸네.

형님이 동생 구름 포근히 감싸주고

동생은 형님 구름 우러러 쳐다보니

이들의 형제 우애가 돈독하고 정겹다.

뭉게구름 (2005)

암벽의 소나무

동해안 하조대의 암벽에 의지하고
혼자서 외롭게도 서 있는 소나무가
탁 트인 망망대해를 마당처럼 굽어봐.

한 줌의 흙도 없는 빽빽한 바위틈에
어렵게 뿌리박고 물과 양분 빨아들여
삶이란 이런 거라고 자랑스레 버틴다.

모질게 살아가는 능력이 신통해서
자리를 못 떠나고 감동에 사로잡혀
소나무 생명력 앞에 숙연해진 내 마음.

암벽의 소나무 (2019)

충주호의 섬광

신록이 무르익은 하오의 충주호에

잔잔한 수면 속에 연녹색 그림자가

무지개 머리에 이고 섬광처럼 빛난다.

신록의 아름다움 물속에 반영되니

환상적 분위기가 마음을 사로잡아

그림을 그려 내련다 일렁이는 물결도.

지나던 길목에서 낯 익은 풍경 보고

꿈속을 헤매는 듯 정겨운 느낌 들어

느낌을 그려 내련다 따스했던 온기도.

충주호의 섬광(2010)

도나우강변

독일서 발원되어 4개국을 감아 돌아

흑해로 진출하는 헝가리의 도나우강

몇 백년 묵은 나무들 수木와 목木이 어울려.

도나우 강변모습 너무나 정겨워서

정든 님 손을 잡고 산책길 걷고 싶어

다음을 기약하면서 발걸음을 돌렸지.

넓고 긴 유럽대륙 젖줄이자 뱃길인데

일정이 빽빽하여 되돌릴 수 없었지만

스쳐간 정겨운 잠상潛像이 내 눈앞에 어리네.

도나우강변 (2004)

나이아가라 폭포

세계의 삼대 폭포 나이아가라 폭포는
이리호 온타리오 고도차로 생겨났지
57미터 높은 곳에서 떨어지는 상쾌함.

산책용 데크길 앞 흘러가는 물을 보니
흐름이 웅장하고 굉음이 요란하여
천지가 진동하는구나 대자연의 멋 속에.

폭포수 수량 많아 녹아내린 빙하 같고
관람객 소리 높여 감탄사를 연발할 때
내 마음 황홀해져서 꿈결 속을 헤맨다.

나이아가라 폭포 (2006)

단풍

설악산 주전골은 단풍의 명소라서
늦가을 찾는 손님 성시를 이루면서
미남에 미녀 어울려 사랑노래 부른다.

오색의 단풍 따라 계곡을 걷다 보면
폭포와 기암괴석 만물상에 이어지니
빼어난 풍광에 취해 단풍잔치 이어져.

설악의 숨은 비경 볼수록 신기해서
봄의 꽃 여름신록 가을단풍 겨울눈꽃
사계절 뽐내는 경치 금수강산 맞구나.

단풍(2004)

일출

삼척의 일출경인 삼척항 추암 항에
오메가[10] 모습 보러 모여든 사진가들
힘차게 불끈 솟은 해 바다 위로 떠올라.

사진가 동해안을 지나게 되었을 때
반드시 일출 시간 맞추어 찾는 것은
새 역사 이루어지는 순간 모습 잡고파.

오메가 잡으려면 티 없이 맑아야 돼
맑다는 일기예보 듣고도 믿지 못해
간절한 소망을 담아 하나님께 기도드려.

---

10) 오메가 : 일출시 태양이 바닷물표면에서 떨어지는 순간의 오메가 글자 모양

일출(2011)

무아경 無我境

여수라 돌산도의 금오산 기암괴석
비탈길 꼬불꼬불 향일암 찾아드니
남해의 망망대해가 끝도 없이 이어져.

아침 해 찬란하게 중천에 떠올라서
향일암 처마 끝의 편종片鐘에 숨겼더니
영롱한 반사광선이 눈부시게 비치네.

가슴을 활짝 열고 평온한 마음으로
멀고 먼 수평선을 뚫어지게 바라보니
혼잡한 백팔번뇌가 무아경에 이르네.

무아경 (1997)

새벽 골프장

새벽에 골프 치러 필드에 나섰더니
안개가 자욱하여 시야는 흐렸지만
환상적 소피아그린 라운딩이 상쾌해.

골프장 한가운데 파 놓은 연못에서
물안개 피어올라 몽롱한 하늘 향해
보일 듯 말듯하면서 골프공을 날렸지.

잠시 후 해가 뜨고 안개가 걷히면서
햇살을 가리려고 모자를 눌러쓰고
조금 전 환상적 분위기 머릿속에 그린다.

소피아그린 골프장(2019)

백두산 천지

민족의 영산이란 백두산 천지 물에
구름이 한 점 없는 하늘이 내려앉고
수면과 하늘이 합쳐 한통속이 되었다.

일 년에 열흘쯤만 맑게 갠 모습 보여
열 번을 올라가도 한 번도 보기 힘든
고귀한 얼굴 모습이 선명하게 드러나.

지금은 중국 거쳐 천지연 오르지만
통일이 이루어져 우리 땅 되고 보면
장군봉 최고봉에서 굽어볼 날 오겠지.

백두산 천지 (2009)

이끼폭포

강원도 가리왕산 장전계곡 이끼폭포
첩첩 산 둘러싸여 산새들 지저귀니
세월의 흐름도 잊고 가던 길을 멈췄다.

산행 길 멈추고서 생각에 잠겨보니
이끼와 폭포소리 신선한 복판에서
선녀들 놀다가라고 빈 공간을 두었지.

이끼폭포 (2005)

보트 행렬

남해의 아름다운 여수항 앞바다에
연이은 보트 행렬 힘차게 달려간다
물 위의 물새 떼 처럼 아름답게 수놓아.

희망이 넘쳐나는 연이은 보트 물새
대각선 리듬 타고 바다의 저편으로
희망찬 새나라 찾아 힘껏 저어 나간다.

보트 행렬 (2007)

보라카이 해변

햇볕이 작열하는 한여름 바닷가에

시원한 바람 맞고 풍광을 즐기는데

멀리서 요트 하나가 나비처럼 날아와.

세계적 휴양도시 필리핀 보라카이

피서 겸 관광객들 성시를 이루는데

은하수 뿌려놓으니 은빛 바다 되었네.

보라카이 해변 (2005)

구채구 九寨溝 오화해 五花海

중국의 산악지대 구채구[11] 찾아드니

산과 들 물감으로 채색된 오채지와

산비탈 오색찬란한 풍경 잠긴 오화해[12].

쓰촨성 산악지대 동화의 세계라는

구채구 계곡들이 협곡을 이루면서

다양한 동식물 분포로 유네스코 세계유산.

해발로 삼천 미터 연봉에 둘러싸여

만년설 머리 이고 팬더곰 살고 있는

아홉 개 장족마을은 하늘나라 닮았다.

---

11) 구채구 : 중국 티베트고원에서 쓰촨 분지까지 '동화 속 세계'라는 인간세계의 仙境이라 불리는 곳
12) 오화해 : 구채구 계곡에서 흘러내린 토토석류와 빙하의 칼슘이 쌓여 형성된 가장 아름다운 호수

구채구 오화해 (2013)

그랜드캐니언

미국의 애리조나 북서부 고원지대
콜로라도강 침식으로 대협곡 생겨나니
환상적 그랜드캐니언 놀라움이 앞선다.

1,500m 절벽 아래 황톳길 꾸불꾸불
협곡 물 넓은 호수 천여 종 식물 서식
생태계 보고이면서 선사시대 유적지.

똑바로 밑을 보니 아찔하고 어지러워
미국의 국립공원 자연유산 가운데서
최고인 그랜드캐니언 하나님의 하사품.

그랜드캐니언 (2006)

두꺼비 바위

두꺼비 한 쌍 바위 사랑에 빠져 있다
지나는 등산객에 버젓이 고개 들고
보란 듯 나누는 사랑 낯 뜨겁다 뜨거워.

산 위에 자리 잡고 하늘을 쳐다보며
우리들 사랑만은 오래도록 변치 않고
영원히 대 이으면서 행복하게 살거야.

두꺼비 나타나면 장마가 온다하고
꿈속에 만나보면 태몽을 꿨다하니
지혜로 가득한 동물 인간세계 복덩이.

두꺼비 바위 (2008)

형상

깊은 산 모서리에 괴상한 바위 하나
눈보라 비바람에 시달려 변해버린
노인의 해골바가지 서럽구나 서러워.

긴 세월 받은 고통 아무도 몰라주고
누구의 보살핌도 위로도 받지 못해
보는 이 안타까움만 더해주고 있구나.

형상 (2016)

갑돌이와 석순이

제주도 한라산에 목석원 찾아드니
돌 많은 고장 사연 전설에 얽혀있고
갑돌이 석순이 사랑 너무나도 애틋해.

어느 날 갑작스레 갑돌이 얼굴 잠적
한동안 외로웠던 석순이 가엾어서
새로운 갑돌이 얼굴 짝채워서 달랬지.

갑돌이 석순이의 처절한 사랑담은
구수한 해설사의 설명을 들어보니
행복도 짝짓기 잘해야 잘못하면 물거품.

갑돌이와 석순이 (1980)

눈 오는 날

함박눈 오는 날에 한계령 넘다 보니
폭설이 앞을 가려 길 위에 쌓이는데
눈 덮인 은백 산야가 꿈속 세상 같구나.

길가에 차 멈추고 길바닥을 살펴보니
눈 덮인 하얀 길로 굴러오는 차량들이
꿈속을 헤매는 듯이 엉금엉금 기어와.

차에서 내리면서 뒤 돌아 보는 순간
한 컷을 잡고 보니 환상적 설경 작품
1998년 한사전에서 입선되어 기뻤지.

눈 오는 날 (1998)

눈꽃

덕유산 향적봉에 눈꽃이 만발하여
드높은 하늘 향해 힘차게 솟아올라
온 세상 굽어살피며 감동받고 있구나.

인적이 끊어진 적막한 산속에서
새파란 하늘 아래 새하얀 은백 세계
피어난 눈꽃 송이가 고운 맵시 자랑해.

가까이 중봉이랑 삿갓봉도 보이지만
저 멀리 지리산도 가야산도 보이는데
흰옷을 갈아입는 산 산심山心 또한 순수해.

눈꽃(2012)

상고대

장가계 눈의 고장 두 줄기 상고대가
각선미 자랑하는 발레리나 다리 같아
환상에 설레는 마음 달랠 길이 없구나.

상고대 설화들이 즐비해 감명 주어
세상에 태어나서 처음 본 풍경이라
꿈같은 세상 남겨두고 어찌 혼자 떠날고.

상고대 (2019)

얼음 결정

갑자기 한파 닥쳐 기온이 뚝 떨어져
개울가 맑은 물에 얼음이 얼었는데
예리한 얼음 칼날에 찔릴까 봐 두려워.

얼음이 녹게 되어 눈 녹듯 사라질까
너무나 아쉬워서 사진을 찍었으니
남겨둔 천연기념물 혼자 보기 아깝다.

얼음 결정 (2011)

고드름

지붕의 눈 녹아서 흐르는 낙숫물이
매서운 추위 속에 물길을 따라가다
연이어 얼어붙으며 묘한 재주 부리네.

맑게 갠 겨울날에 새파란 하늘 바탕
얼음에 비친 빛이 너무나 아름다워
그 많던 미세먼지는 어디가고 없는가.

기다란 고드름을 따다가 발을 엮어
각시방 영창에다 매달아 놓으라던
동심을 사로잡았던 그 노래가 그리워.

고드름(2011)

낭윤烺阭 김완기 金莞祁

출생과 학력
- 1944 충북 충주에서 출생
- 충주중·고등학교 졸업
- 청주교육대학교 졸업
- 건국대학교 교육대학원 졸업(교육학석사)

교육관련 활동
- 서울창천·안산·매동·장충·서교초등학교교사
- 서울대곡초 교감, 서울이수·대현초 교장
- 서울시교육청·강남교육청 장학사
- 서울 강서·남부교육청 초등교육과정
- 서울 성북·남부교육청 학무국장
- 서울 성북교육청 교육장
- 교육부 초등교육정책과장
- 서울평생교우회 회장(현 상임고문)
- 청우회(서울 교육장협의회) 회장(현)

사진관련 활동
- 대한민국사진대전 초대작가(현)
- 대한민국사진대전 심사위원 역임
- 제21회 공무원미술대전 심사위원장
- 제1~2회 김완기 사진전(세종문화회관)
- 제3~13회 김완기 다큐사진전 '그땐 그랬지' (전국 순회전 11회)
- 청영회 5~7대 회장
- 대한사진예술가협회 19~20대 회장
- 한국사진작가협회 22·24·26대 이사
- 강남구사진작가회 3~4대 회장
- 서울특별시사진작가협의회 초대회장
- 한국예술사진인연합회(APC뉴스) 회장
- 서울사진포럼 고문(현)
- 한국사진작가협회 운영자문위 부위원장(현)

문예관련 활동
- 한국예술인복지재단 예술인 등록
- 『한국문예』 신인문학상 시조시인 등단
- 한국문예작가회 지도위원
- 한국문예연수원 교수

출판 활동
- 『김완기 사진집Ⅰ』
- 김완기 사진집Ⅱ 『그땐 그랬지』
- 김완기 사진집Ⅲ 『60-70년대 학교와 아이들』
- 김완기 자서전 『분필과 셔터로 그린 자화상』
- 김완기 사진·시조집 『정겨웠던 순간들』

사회참여 활동
- EBS TV & Radio 출연(15년)
- KBS2 TV방송 '어머니교실' MC
- EBS TV & Radio '교사의 시간' MC
- EBS (교육방송) 심의위원
- 서울중앙지방검찰청 형사조정위원(현)

포상·표창
- 황조근정훈장(대통령)
- 문교부장관 표창 3회
- 서울시 교육감 표창 6회
- 서울사랑시민상(서울특별시장)
- 이해선사진문화상(대한사협)
- 한국사진문화상(한국사진작가협회)
- 한국사진예술문화상 대상(APC 뉴스)

에필로그

그동안 살아온 길을 되돌아보니 교육과 사진의 두 길을 걸어오며 힘든 여건 속에서도 그런대로 열심히 일했다는 느낌이 든다. 교직 생활하는 동안 일과 후까지 야간근무를 밥 먹듯이 하면서 밤낮을 가리지 않고 자투리 시간을 쪼개어 썼다.

교직원들에게 사진 강좌를 개설하고 사진 기술을 습득시켜 교육 방법 개선에 도움을 주었다. 교직자들의 뜻을 모아 청영회靑影會를 창립하여 오늘에 이르기까지 동호 활동이 이어지는데 견인차 노릇도 하였다. 짧았던 교사 생활 12년 동안 학교 현장에서 아이들을 가르치는데 정성을 기울였고 34세에 장학사로 발탁되어 여러 교육 전문직을 두루 거쳐 서울 성북교육장과 교육부 초등교육정책과장을 역임하였다. 2006년에 교장으로 정년퇴임하면서 학교와 아이들 곁을 떠났다. 일과 시간을 제외한 모든 여가 시간을 사진 창작 활동에 매달렸고 정년퇴직 후에도 사진 작업을 계속하면서 제2의 사진인생을 즐길 수 있어 행복했다.

무엇보다도 스물다섯 나이에 대한사진예술가협회에 입회하여 한국사진예술의 선구자이신 백오 이해선 선생님을 만난 것은 커다란 행운이었다. 이때부터 사진예술에 매료되어 사진 창작 활동에 몰입했다. 사진 작품을 시작한 1969년 당년 가을에 제18회 국전에 입선하면서 더욱 사진예술에 심취하게 되었다. 끈질긴 노력 끝에 대한민국사진대전의 초대작가로 심사 자격을 얻게 되어 대한민국사진대전을 비롯하여 전국사진공모전의 심사위원을 맡으면서 후진 작가 배출에도 한몫을 담당했다.

사진을 창작하면서 느꼈던 감성을 되살려 시조를 접하면서 늦깎이 시조시인의 길을 걸을 수 있게 된 것 또한 큰 보람이다. 지금까지 교육과 사진 두 길을 걸어왔지만 문단 등단을 계기로 부족한 글쓰기 실력을 갈고 닦으면서 여생을 보낼 생각이다. 팔순을 맞으면서 생각해보니 '주어진 여건에서 최선을 다하자'는 좌우명으로 살아오는데 비교적 충실했다고 생각되어 크게 후회될 일은 없다. 또다시 태어나도 그 길을 가고 싶다.

시조사랑

시: 김완기
곡: 강천웅

김완기 사진·시조집
정겨웠던 순간들

발 행 일	2023년 10월 14일
저 자	김완기 (H.P : 010-4464-1724)
출 판	APC뉴스 출판국
디자인·제작	디자인포스·이지미술

　　　　　주소 : 서울시 중구 삼일대로 8길 9, 602호
　　　　　전화 : 02-2265-0496
　　　　　이메일 : yesulga@hanmail.net

Copyright 김완기 All right reserved.
이 책자에 수록된 글과 사진은 작가의 허락 없이 무단으로 부분이라도
복제 또는 전재하거나 변형 할수 없습니다.

값 35,000원
ISBN 979-11-952163-4-5 03800